BEI GRIN MACHT SICH IHR
WISSEN BEZAHLT

- Wir veröffentlichen Ihre Hausarbeit,
  Bachelor- und Masterarbeit

- Ihr eigenes eBook und Buch -
  weltweit in allen wichtigen Shops

- Verdienen Sie an jedem Verkauf

Jetzt bei www.GRIN.com hochladen
und kostenlos publizieren

GRIN

Sportanlagen- und Sportstättenmanagement. Planung, Finanzierung und digitale Vermarktung

Daniel Hannert

Bibliografische Information der Deutschen Nationalbibliothek:

Die Deutsche Nationalbibliothek verzeichnet diese Publikation in der Deutschen Nationalbibliografie; detaillierte bibliografische Daten sind im Internet über http://dnb.d-nb.de abrufbar.

ISBN: 9783346911841
Dieses Buch ist auch als E-Book erhältlich.

© GRIN Publishing GmbH
Trappentreustraße 1
80339 München

Druck und Bindung: Books on Demand GmbH, Norderstedt Germany
Gedruckt auf säurefreiem Papier aus verantwortungsvollen Quellen

Das vorliegende Werk wurde sorgfältig erarbeitet. Dennoch übernehmen Autoren und Verlag für die Richtigkeit von Angaben, Hinweisen, Links und Ratschlägen sowie eventuelle Druckfehler keine Haftung.

Das Buch bei GRIN: https://www.grin.com/document/1375385

Deutsche Hochschule für
Prävention und Gesundheitsmanagement
Hermann-Neuberger-Sportschule 3
66123 Saarbrücken

Hausarbeit

Name, Vorname	Hannert, Daniel
Studiengang	Sportökonomie
Studienmodul	Sportanlagen- und Sportstättenmanagement
Datum Präsenzphase (siehe Ergebnisdokumentation)	11.04.-13.04.2023
Aufgabe	Einsendeaufgabe

Inhaltsverzeichnis

1   Sportanlagen- und Sportstättenbau

Zunächst müssen die Phasen zur Planung des Sportstättenbaus in eine Reihenfolge gebracht werden.

Tab. 1: Darstellung der Bauphasen

Phase		Dauer in Monaten	Folgt auf	Gefolgt von
A	Markt- und Bedarfsanalyse	2		B,C
B	Standortwahl	1	A	D
C	Sprtverhaltens- und Nutzeranalyse	3	A	D
D	Raumprogramm und Funktionsanalyse	1	B,C	E
E	Konzeptualisierenden, Kostenschätzung und Betriebskostenanalyse	4	D	F
F	Machbarkeit, Finanzierung klären	6	E	G

G	Planung und Festlegung der Baudetails	8	F	H
H	Realisierung des Baus	14	G	I
I	Betrieb der Sporthalle	Über 12	H	

1.1 Plannet – Diagramm

Darstellung in Form eines Plannet-Diagramms

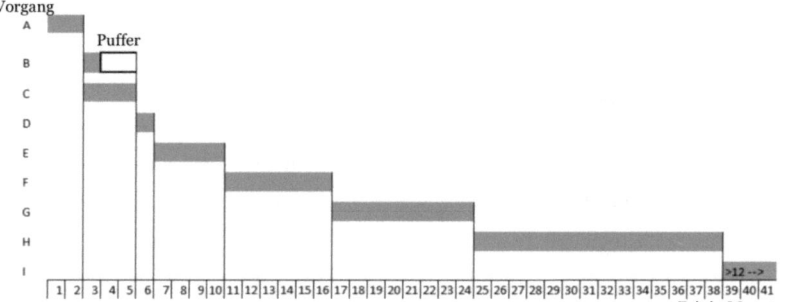

Abbildung 1: Plannet-Diagramm

1.2 Netzplantechnik

Darstellung in Form der Netzplantechnik

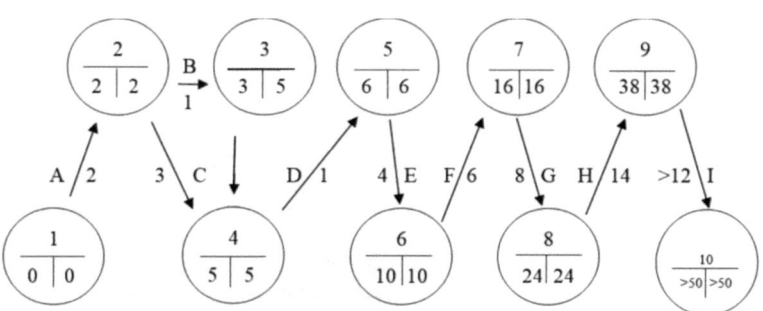

Abbildung 2: Ablaufplan nach Netzplantechnik (Mod. Nach Bauer)

1.3 Zusammenfassung

Der Betrieb der Sportanlage kann nach evaluation des Plannet-Diagramms und der Veranschaulichung in der Netzplan-Darstellung nach frühestens 38 Monaten beginnen.

2 Kommunale Sportentwicklungsplanung

2.1 Berechnung des Sportstättenbedarfs nach der Grundformel

Laut Bundesinstitut für Sportwissenschaft (BIS., 2000) ist folgende Formel zur Berechnung des Sportstättenbedarfs heranzuziehen:

$$\text{Sportstättenbedarf} = \frac{\text{Sportbedarf x Zuordnungsfaktor}}{\text{Belegungsdichte x Nutzungsdauer x Auslastungsfaktor}}$$

Der Sportbedarf wird aus drei Elementen zusammengefasst. Dieses Produkt ist nach Sportler, Häufigkeit und Dauer geordnet. Allerdings ist auch die Sportlerkomponente ein Produkt und besteht aus Bevölkerung, Aktivquote und Präferenzquote. Berücksichtigt werden alle Sportler, die den Sport in ihren Vereinen aktiv ausüben.
Unter „Häufigkeit" versteht man die Anzahl der Trainingseinheiten pro Woche und unter „Dauer" die Dauer der Trainingseinheiten. Einwohner stellen die Anzahl der Einwohner einer Stadt dar, die Aktivitätsbeteiligungsrate stellt den Prozentsatz einer Stadt dar, die an einer Sportart teilnimmt, und die Präferenzrate stellt den Prozentsatz der Gesamtbevölkerung einer Stadt dar, die in einer bestimmten Sportart körperlich aktiv ist. Sportler sind demnach alle Einwohner, die sportlich aktiv sind und eine Hauptsportart ausüben.

Ein Sportbedarf ist die Gesamtmenge aller sportlichen Aktivitäten in einer bestimmten Sportart, also Stunden pro Woche für einen Sportler. Als Verteilungsfaktor wird der Anteil der sportlichen Aktivität einer bestimmten Sportart innerhalb einer bestimmten Sportstättenart angezeigt. Die Auslastung gibt die Anzahl der Sportler einer bestimmten Sportart an, die diese Sportart gleichzeitig auf der Sportanlage ausüben können. Hier wird gemessen als:

Anzahl der Athleten pro Anlageneinheit. Bei der Nutzungsdauer handelt es sich um den Zeitraum, in dem die Sportanlage in einer Woche für sportliche Zwecke genutzt werden kann. Die Auslastung ist bestimmt durch das Verhältnis zwischen tatsächlicher Auslastung und maximaler Auslastung.

2.2 Berechnung Sportbedarf

Zur Berechnung des Sportbedarfs für die Stadt Mannheim wird die Anzahl der Sportler mit der Häufigkeit und Dauer Multipliziert:

$24000 \times 1,5 \times 1,8 = 64800$

Für die Stadt Mannheim liegt der Sportbedarf somit bei 64.000 Stunden.

2.3 Berechnung Auslastungsfaktor

Die Formel um den Auslastungsfaktor zu bestimmen muss wie folgt angepasst werden:

$$\text{Auslastungsfaktor} = \frac{\text{Sportbedarf x Zuordnungsfaktor}}{\text{Belastungsdichte x Nutzungsdauer x Sportstättenbedarf}}$$

Eingesetzt wird dann wie folgt:

$$\text{Auslastungsfaktor} = \frac{64800 \times 0,5}{25 \times 30 \times 70}$$

$$\text{Auslastungsfaktor} = 0,617$$

Der Auslastungsfaktor für die Stadt Mannheim liegt bei 0,617

2.4 Förderinteressen

In Wirklichkeit ist die Vorstellung, dass die Bundesregierung nur bekannte Sportarten fördert und dass staatliche und lokale Beamte sich lediglich auf Spitzensportarten konzentrieren, eine fehlerhafte Ansicht, die einer weiteren Prüfung bedarf. Die Wahrheit ist, dass sich alle Regierungsebenen – Bund, Länder und Kommunen – sowohl dem Amateur- als auch dem Profisport widmen.

Die Bundesregierung hat, vertreten durch das Bundesministerium des Innern, für Bau und Heimat (BMI), die Geschicke des Sports im Land in der Hand. BMI kümmert sich um die Förderung des Sports auf allen Ebenen, sei es Breiten- oder Spitzensport. Investitionen in die Sportinfrastruktur werden gefördert und finanziert, wodurch der Bevölkerung Zugang zu verschiedenen Sportangeboten ermöglicht wird. Das Ministerium fördert den Geist eines gesunden Wettbewerbs durch die Unterstützung von Personalentwicklungs- und Leistungssportprogrammen. Und in Zusammenarbeit mit dem Deutschen Olympischen Sportbund (DOSB) treibt der BMI Initiativen voran, die auf die Popularisierung und Aufwertung olympischer Sportarten abzielen.

Auf Landesebene sind die Sportförderungsinitiativen vielfältig und legen den Schwerpunkt sowohl auf den Breiten- als auch auf den Spitzensport. Zu den Aufgaben, die je nach Bundesland übernommen werden, gehören der Ausbau der Sportinfrastruktur, die Betreuung von Sportvereinen, die Personalschulung und die Ausrichtung von Sportveranstaltungen. Darüber hinaus investieren Kommunen auch in Sportprogramme und -einrichtungen. Sie unterstützen lokale Sportvereine, veranstalten Sportveranstaltungen und organisieren Sportprogramme. Um das Leben ihrer Bürger zu verbessern, bieten die Kommunen die Sportförderung als Lösung an. Ihr Ziel ist es, Sportveranstaltungen in der näheren Umgebung bekannt zu machen, sich sowohl an Gelegenheits- als auch an Profisportler zu wenden und sich an die spezifischen Bedürfnisse der jeweiligen Gemeinschaft anzupassen.

In Deutschland ist die Sportförderung eine vielschichtige Zusammenarbeit zwischen Staat, Sportverbänden, Vereinen und Organisationen. Die gegenseitige Abhängigkeit zwischen Freizeit- und Spitzensport ist von entscheidender Bedeutung, da beide einander ergänzen. Durch die Förderung des Breitensports wird der Grundstein für eine blühende und gesunde Gesellschaft gelegt, während Investitionen in den Spitzensport internationale Erfolge im Wettkampfbereich garantieren. Die Bundes-, Landes- und Kommunalverwaltungen verfolgen einen kohärenten Ansatz bei der Schaffung eines integrativen Sportumfelds, das sowohl Breitensportarten als auch Spitzensportarten gerecht wird.

3 Finanzierung und Betrieb von Sportanlagen

3.1 Investition und Finanzierung

Im ersten Schritt müssen die Netto-Bruttoeinnahmen von 60.000 € aus Sponsoring-Deals berechnet werden.

$$\frac{60.000 \text{ Euro}}{1,19} = 50.420,17 \text{ Euro}$$

Im zweiten Schritt wird der Nettogewinn mit 1,15 multipliziert, da von einer Einkommenssteigerung von 15 % ausgegangen wird. Die folgende Tabelle zeigt nun die Entwicklung der nächsten fünf Jahre.

Tabelle 2: Einnahmen Sponsoring-Deals

Jahr	Jährliche Erhöhung (in €) = 15%	Einnahmen gesamt (Netto in €)
1		50.420,17
2	7.563,03	57.983,19
3	8.697,48	66.680,67
4	10.002,10	76.682,77

5	11.502,42	88.185,19

Die Kosten steigen hingegen in den nächsten Jahren um geschätzt 3% pro Jahr, dies wird im folgenden erneut Tabbelarisch dargestellt

Tabelle 3: Kostenaufstellung

Jahr	Jährliche Erhöhung (in €) = 3%	Kosten gesamt in €
1		100.000,00
2	3.000	103.000,00
3	3.090	106.090,00
4	3.182,70	109.272,70
5	3.278,18	112.500,88

Die Einnahmen durch Nutzung der Sporthalle wurden mit 12.000€ angegeben, nun muss auf die nächsten 5 Jahre die Abzinsung hergeleitet werden

Tabelle 4: Abzinzungsfaktor

Jahr	Formel	Abzinsungsfaktor
1	$(1+0,12)^{-n} = 1,12^{-1}$	0,892857143
2	$(1+0,12)^{-n} = 1,12^{-2}$	0,797193878
3	$(1+0,12)^{-n} = 1,12^{-3}$	0,711780248
4	$(1+0,12)^{-n} = 1,12^{-4}$	0,635518078
5	$(1+0,12)^{-n} = 1,12^{-5}$	0,567426856

Nachdem nun die Einnahmen, Ausgaben und die jeweiligen Abzinzungsfaktoren berechnet worden sind, kann durch zusammenführen der Ergebnisse der Barwert berechnet werden.

Tabelle 5: Barwert

Jahr	Einnahmen	Ausgaben	Differenz	Abzinsungsfaktor	Barwert
1	62420,17	100000,00	- 37579,83	0,892857143	- 33553,42
2	69983,19	103000,00	- 33016,81	0,797193878	- 26320,80

3	78680,67	106090,00	- 27409,33	0,711780248	-	19509,42
4	88682,77	109272,70	- 20589,93	0,635518078	-	13085,27
5	100185,19	112550,88	- 12365,69	0,567426856	-	7016,63
						= - 99.485,53 (€)

Wenn die Anschaffungsauszahlung von den Barwerten abgezogen wird erhalten wir den Kapitalwert des Projekts.

-3000000,00 + (- 99485,53) = - 3 099 485,53 (€)

Kapitalwert liegt bei -3 099 485,53 €.

3.2 Auslastungsanalyse einer Sportanlage

Bei der Auslastungsanalyse wird die tatsächliche Nutzung einer Sportstätte mit der maximal möglichen Auslastung verglichen.

Nach Bach (2004) sind die 4 wichtigsten zu untersuchenden Faktoren dabei die Ist-Nutzdauer, Soll-Nutzdauer, Ist-Belegungsdichte und die Soll-Belegungsdichte.

Tabellarisch kann das ganze wie folgt anhand der gegebenen Daten dargestellt werden:

Tabelle 6: Belegungsübersicht

Belegungszeitraum		Belegung				
					Belegungsdichte	
		Stunden	Sportart		Ist	Soll
Montag	17:00 - 18:30	1,5	Handball		14	12
Dienstag	20:00 - 21:30	1,5	Keine Belegung		0	15
Mittwoch	19:00 - 21:30	2,5	Basketball		15	20
Donnerstag	20:00 -	2,0	Fußball		18	15

	22:00					
Freitag	19:00 - 20:00	1,0	Badminton	5	15	

Nun werden Anhand der Daten die folgenden Kennzahlen Berechnet:

Ist Nutzungsdauer: 1,5 + 1,5 + 2,5 + 2,0 + 1,0 = 7 (Stunden)

Soll-Nutzungsdauer: 1,5 + 1,5 + 2,5 + 2 + 1 = 8,5 (Stunden)

Ist-Sportler: 15 + 15 + 18 + 5 = 52 (Sportler)

    Ist-Sportlerstunden: (Stunden x Ist-Belegungsdichte)

        (1,5 x 14) + (2,5 x 15) + (2 x 18) + (3 x 15) = 99,5 (Ist-Sportlerstunden)

Soll-Sportler: 12 + 15 + 20 + 15 + 15 = 77 (Sportler)

    Soll-Sportlerstunden: (Stunden x Soll-Sportlerstunden)

        (1,5 x 12) + (1,5 x 15) + (2,5 x 20) + (2 x 15) + (5 x 15)

        = 135,5 (Soll-Sportlerstunden)

Auslastung: 99,5 : 135,5 = 73,43 (%)

Kapazitätsreserve: 83 − 73,43 = 9,57 (%)

3.3 Auslastungsoptimierung

Um Die Kapazitätsreserve zu minimieren und die Ist-Werte bestmöglich den Soll-Werten anzugleichen ist es nötig die Belegung der Sportstätte zu ändern, ohne die Belegungszeiträume zu ändern, da diese vorgegeben sind.

Anpassungen sind definitiv beim Handball und Fußball zu treffen da dort der Ist-Wert der Belegungsdichte über dem Soll-Wert liegt.

Da Freitags der Belegungszeitraum lediglich 1,0 Stunde beträgt wird an dem Tag keine Belegung zugeordnet. Die geringste Differenz zwischen Ist und Soll-Wert erreichen wir indem Montags Badminton stattfindet, Dienstag Handball, Mittwoch Fußball und Donnerstags Basketball.

Nach der Optimierung erreichen wir folgende werte:

Ist-Sportlerstunden: $(1,5 \times 5) + (1,5 \times 14) + (2,5 \times 18) + (2,0 \times 15) = 103,5$ (Stunden)

Auslastung: $99,5 : 135,5 = 76,38$ (%)

Kapazitätsreserve: $83 - 76,38 = 6,62$ (%)

Kapazitätsreserve vorher – nachher: $9,57 - 6,62 = -2,95$ (%)

Durch die Optimierung haben wir eine 2,95% bessere Auslastund der Sportstätte erreichen können, daher werden die zur Verfügung stehenden Ressourcen besser genutzt.

3.4 Nachhaltigkeit von Sportstätten

Im Bau, Betrieb und der Nutzung von Sportanlagen und -stätten nimmt die Bedeutung der Nachhaltigkeit kontinuierlich zu. Die Gesellschaft hat ein immer weiter wachsendes Bewusstsein für dieses Thema entwickelt, und Breitensportvereine müssen sich damit auseinandersetzen, um nicht abgehängt zu werden und Mitglieder zu verlieren. Es reicht nicht aus, nur Schlagwörter und Worthülsen zu verwenden, sondern es ist entscheidend, konkrete Maßnahmen umzusetzen, die den Ansprüchen der Nachhaltigkeitgerecht werden.

Um den verschiedenen Aspekten der Nachhaltigkeit gerecht zu werden, lassen sich drei grundlegende Bereiche identifizieren: Ökonomie, Ökologie und soziale Aspekte. In Bezug auf die ökonomische Nachhaltigkeit müssen Vereine ihre Betriebskosten im Blick behalten und innovative Wege finden, um finanziell tragfähig zu bleiben. Dies kann beispielsweise durch die Nutzung energieeffizienter Technologien und den verstärkten Einsatz erneuerbarer Energien geschehen, um Energiekosten zu senken. Es ist auch wichtig, die langfristige Finanzierung von Sportanlagen zu planen und alternative Einnahmequellen wie Sponsoring oder Veranstaltungen zu erschließen.

Die ökologische Nachhaltigkeit erfordert Maßnahmen zum Schutz der Umwelt und der Ressourcen. Breitensportvereine können energieeffiziente Beleuchtungssysteme installieren, Wassersparmaßnahmen einführen und Abfallmanagementstrategien umsetzen. Der verantwortungsvolle Umgang mit Wasser ist ein wichtiger Aspekt der Nachhaltigkeit. Der Verein könnte Maßnahmen ergreifen, um den Wasserverbrauch in seinen Sportstätten zu reduzieren. Dies könnte durch den Einsatz von wassersparenden Armaturen und Toiletten sowie durch die Installation von Regenwassersammelsystemen erreicht werden. Darüber hinaus könnte der Verein nachhaltige Bewässerungsmethoden wie die Verwendung von Bewässerungssystemen mit hoher Effizienz und die Auswahl von Pflanzen, die weniger Wasser benötigen, umsetzen. Durch diese Maßnahmen trägt der Verein zum verantwortungsvollen Umgang mit einer kostbaren Ressource bei.

Das Recycling von Materialien und die Vermeidung von Abfällen sind wichtige Schritte in Richtung ökologischer Nachhaltigkeit.

Der Verein kann Maßnahmen ergreifen, um den Energieverbrauch in seinen Sportanlagen zu reduzieren und den Einsatz erneuerbarer Energien zu fördern. Es könnten Solaranlagen oder andere erneuerbare Energiequellen genutzt werden, um einen Teil des Energiebedarfs zu decken. Durch den Einsatz von Energiesparmaßnahmen kann der Verein nicht nur seine Betriebskosten senken, sondern auch seinen ökologischen Fußabdruck reduzieren.

Die soziale Nachhaltigkeit bezieht sich auf die Bedürfnisse und Zufriedenheit der Nutzer der Sportanlagen sowie auf die Integration in die Gemeinschaft. Breitensportvereine können Programme zur Förderung von Inklusion und Vielfalt entwickeln, um allen Mitgliedern eine aktive Teilhabe am Sport zu ermöglichen. Die Schaffung barrierefreier Zugänge und die Berücksichtigung der Bedürfnisse verschiedener Altersgruppen sind weitere wichtige Aspekte. Zudem können Vereine soziale Projekte unterstützen und durch Sportveranstaltungen das Zusammengehörigkeitsgefühl in der Gemeinschaft stärken.

Indem ein Breitensportverein konkrete Maßnahmen in den Bereichen Ökonomie, Ökologie und soziale Aspekte umsetzt, kann er einen nachhaltigen Ansatz verfolgen. Dies erfordert einen ganzheitlichen Blick auf die Sportanlagen, ihre Planung, den Betrieb und die Nutzung. Durch den Einsatz innovativer Technologien, die Förderung eines umweltbewussten Verhaltens und die aktive Einbindung der Gemeinschaft kann der Verein eine Vorreiterrolle in Sachen Nachhaltigkeit einnehmen und einen positiven Beitrag zur Gesellschaft leisten.

4 Digitale Vermarktung von Sportanlagen und Sportstätten

Tabelle 7: Digitale Vermarktung

Möglichkeit	Mehrwert für den Betreiber	Mehrwert für die Fans	Mehrwert für Sponsoren
Mobile App: - Live Updates - Statistiken - Online Shop Verknüpfung zu Tickets oder Merchandise - Navigation zur Sportstätte	- Einfachere Interaktion mit den Fans durch Abstimmungen und die Möglichkeit Feedback zu verschiedensten Themen zu geben - Zusätzliche Einnahmen durch Ticketverkäufe - Datenanalyse für personalisierte Angebote	- Besseres Spielerlebniss - Einfaches erlangen von Informationen - Planbarkeit - Verbindung zwischen Fans - Mitgestaltung von Veranstaltung - Nähe zum Verein	- Plattform zum Werben - Markenbekanntheit - Zielgerichtete Werbung und Angebote
Virtuelle Realität (VR) und Augmented Reality (AR) : - Virtuelle Tour durch die Sportstätte - Interaktive Spielerhologramme - AR gestützte Spielfeldprojektionen	- Differenzierung von anderen Vereinen - Attraktivität für Fans und potenzielle Sponsoren - Zusätzliche Einnahmen	- Interaktive Spieler- und Spielerfahrungen - Erleben von Ereignissen wenn Physische Präsens nicht möglich ist	- Erweiterte Markenpräsenz und - Wahrnehmung - Neue Möglichkeiten für integration in Form von Logos - Botschaften als VR- und AR-Inhalte

Social media und Influencer-Kooperationen	- Steigerung der Fanbindung und Loyalität - Generierung neuer Fans und Einnahmequellen - Attraktivität für Sponsoren	- Aktibe Fanbeteiligung - Echtzeitkommunikation mit Spielern und Team - Zugang zu exklusiven Inhalten und Aktionen	- Erhöhung der Markenbekanntheit und Reichweite - Verstärkte Sichtbarkeit durch Influencer in Form von neuem Publikum - Zielgruppenspezifische Werbung
Stadionerlebniss-verbesserungen - Digitale Tickets und kontaktlose Einlasskontrollen für reibungslosen Zutritt - Konnektivität verbessern	- Zusätzliche Einnahmen durch Personalisierte Angebote - Steigerung der Attraktivität für Sponsoren	- Einfacheres und bequemeres Stadionerlebnis - Personalisierte Angebote und Dienstleistung - Interaktive Fanerlebnisse - Bessere Konnektivität um Ereignisse zu teilen z.B auf Social Media oder der Vereins-App	- Erhöhte Sichtbarkeit und Präsenz innerhalb der Sportstätte - Verbesserte Fanbindung und Zufriedenheit - Integration im Sportstättenerlebniss -

5 Literaturverzeichnis

Bundesinstitut für Sportwissenschaft (2017). *Leitfaden Nachhaltiger Sportstättenbau – Kriterien für den Neubau nachhaltiger Sporthallen. 10.06.2023*

https://www.bisp.de/SharedDocs/Downloads/Publikationen/Publikationssuche_So
nderpublikationen/Leitfaden_Nachhaltiger_Sportstaettenbau.pdf?__blob=publicat
ionFile&v=5

Bach, L. (2004). Nutzung von Sportstätten –Formen der Nutzung und Analyse der Auslastung. Sportstätten-Management. Neue Wege für vereinseigene und kommunale Sportstätten. Frankfurt: Meyer und Meyer.